JN440380

감성시인
정인선의
첫 번째 외출

잠깐 다녀올게

잠깐 다녀올게

초판 발행 2009년 9월 10일 **지은이** 정인선 **펴낸이** 안창현 **펴낸곳** 코드미디어
북 디자인 Micky Ahn **편집디자인** 강민정 이진주
등록 2001년 3월 7일 **등록번호** 제 25100-2001-5호
주소 서울시 은평구 갈현1동 419-19 1층 **전화** 02-6326-1402 **팩스** 02-388-1302
전자우편 codmedia@codmedia.com

ISBN 978-89-962704-1-6-03810

정가 10,000원

이 책은 용인시 문예진흥기금 지원금으로 출간 하였습니다.

감성시인
정인선의
첫 번째 외출

잠깐 다녀올게

잠깐
다녀올게

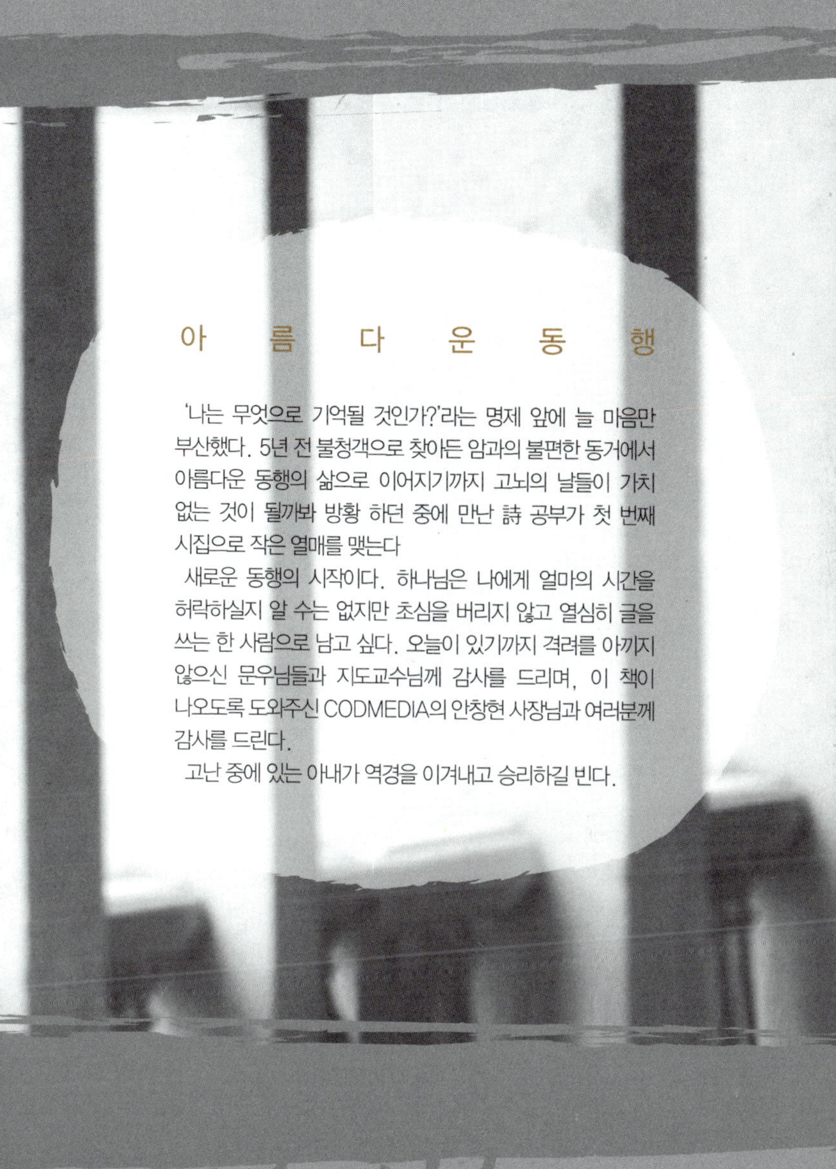

아 름 다 운 동 행

'나는 무엇으로 기억될 것인가?'라는 명제 앞에 늘 마음만 부산했다. 5년 전 불청객으로 찾아든 암과의 불편한 동거에서 아름다운 동행의 삶으로 이어지기까지 고뇌의 날들이 가치 없는 것이 될까봐 방황 하던 중에 만난 詩 공부가 첫 번째 시집으로 작은 열매를 맺는다

새로운 동행의 시작이다. 하나님은 나에게 얼마의 시간을 허락하실지 알 수는 없지만 초심을 버리지 않고 열심히 글을 쓰는 한 사람으로 남고 싶다. 오늘이 있기까지 격려를 아끼지 않으신 문우님들과 지도교수님께 감사를 드리며, 이 책이 나오도록 도와주신 CODMEDIA의 안창현 사장님과 여러분께 감사를 드린다.

고난 중에 있는 아내가 역경을 이겨내고 승리하길 빈다.

정인선 시집

| 차례 |

2
연필 깎는 소리

3 물그림자

붉덩물

5
어부의 바다

1 검정고무신

엄마
또 가을이 가네요...

가을만 오면

붉은 단풍잎
바삭이는 낙엽
은빛머리칼 흔드는 억새

가을은
그렇게
개울을 건너
어머니 산소에 찾아왔다

엄마
또 가을이 가네요

하늬바람 불던 날 떠난 어머니
미닫이 틈새로
빨갛게 영근 가을 보고 가셨지

검정 고무신

툇마루
댓돌 위
검정 고무신

굳게 닫힌
승방僧房 문고리
쳐다보며
저녁 햇살 코에 걸고
졸고 앉아 있다

그 자리

중추절 다니려 간 고향집 옛터
사랑방 안방 부엌은
겨울 김장배추 여섯 고랑
외양간, 앞마당엔 무 여덟이랑
떡잎 지우고 반 뼘이나 자라났다

별을 따고 달을 담던
앉은뱅이책상 자리
장다리꽃 대궁 네 개
꽃은 겨우 두 송이다

겨울밤 꾸벅 졸음 쫓으라며
매콤하고 아삭아삭한 조선무 한 토막 건네시던
무명치마 저고리에 쪽진 하얀 머리
어머니
오늘 또 만났다

돌아갈 수 있다면

내 어릴 적 아홉 살
돌아갈 수 있다면
엄마 손잡고 일 년에 두 번 외갓집도 가고
부러진 작대기 들고 칼싸움도 하며
남산제비꽃잎 뜯어 소꿉놀이하던
계집애들 놀려주며 뛰놀던
언덕배기 달려도 보고 싶다

돌아갈 수 있다면
설빔하고 있을 엄마 부엌 그리며
석포 행 완행열차 입석표 손에 들고
밤새도록 객실과 승강구 오가며
가슴이 아리도록 그리던 고향집
지금은 허물어 없어진 배스듬히 기운 초가
대문턱 넘어서며 엄마 냄새 맡고도 싶다

돌아갈 수 있다면
하루가 모자라면 이틀을 가고
한 달이 모자라면 일 년이 걸려서라도

돌아갈 수만 있다면
밤 열시 오십분 청량리 발 완행열차 타고
돌아갈 수만 있다면

무쇠 다리미

외할머니 시집올 때 사온
무쇠 다리미
어머니가 물려받아 예순두 해
무명치마 저고리 다리고 다리다 두고 가셨다

형님 댁 창고에 묻혀 스물세 해
시어머니 손 때 묻은 유품 한 점 갖고 싶다고
아내가 찾아와 서재에 놓아둔 반달 다리미
이젠 녹 쓸고 찌든 때 덕지덕지 끼었다

참나무 숯불 담아
풀 먹여 빳빳한 이불 홑청 펼쳐들고
꽉 잡고 있거라
놓치면 안된다
당부하던 어머니 음성
늦가을 창가에 마주하고 앉았다

엄마
썩어 분질러진 손잡이 잡고

무얼 또 다리시려고요
구겨진 제 어깨 반듯하게 펴려 하시나요
오늘은 다림질 그만 하시고
머릿결에 쓱쓱 문지른 바늘 끝으로
아내 가슴에 박힌 가시 하나 뽑아주고 쉬세요

본질

봄 가뭄 두어 달을 넘기면서
갯바닥은 헐떡이며
몸속 깊숙이 숨어 소화시키지 못한
물의 분자 하나까지 토해 놓고
간척지干拓地로 변복變服을 한 갯벌
삶의 그림자 깨끗이 지워진
갈라지고 뒤틀린 고문의 흔적 위로
안개처럼 서성이는 나노 급의 먼지만 꿈틀댄다
정오까지 달궈내던 태양이
깜박 조는 사이
엷은 빗줄기 잠깐 다녀갔다
빗방울 받아든 갯논은
지글거리다
웅성대다
갯 내음 품어 올린다

어머니가 보고 싶다

얼마나 힘들었을까

품삯 겉보리 세 되 받아들고
돌아오는 길
길옆 버려진 나뭇가지 주어들고
쓰러져 가는 초가집 지키느라
어머니는 얼마나 힘들었을까

배고프다 보채는 어린 형제 남겨두고
산 넘어 품삯 길 얼마나 멀었을까

무명 치맛말기춤 식은 감자 품고 와서
자장가 대신 들려주던 군대 간 큰형 얘기
얼마나 힘겨웠으면 감기도 못 왔을까
얼마나 슬펐으면 울지도 못했을까

삽짝 문 앞 대나무 바람만 흔들어도
칭문 틈새 바라보던 우리 어머니

얼마나 힘겨웠을까
얼마나 얼마나 힘들었을까

*치맛말기춤 = 치마 허리쯤에 있는 속주머니

*삽짝 = 사립짝의 준말. 나뭇가지를 엮어서 만든 문짝

그늘

이른 봄인데
기온은 열대 오전의 햇살
잎을 키울 시간도 없는 미루나무 그늘에 앉아
도시락이 깔고 앉은 일간지 토막기사를 보다가
열한 살
엄마가 해준 밥 먹은 기억 없는 아이
주식은 주민 센터에서 보내오는 점심 한 끼이다
악의 신은
하루 한 끼로 비만 빈혈 충치
뿌리고 다녔다
아홉 살 동생까지

생선초밥 뚜껑 열리지 않는다

아버지의 이야기

경인년庚寅年 칠월七月에
돌아가신 아버지 묘소
벌초 때 마다
벨까 말까 망설이다
그냥 두었던 어린 소나무
아름드리로 자라나
산소 좌판 모서리에
그늘집 하나 지었다
성묘 후 둘러앉아
음복술잔 나누는 자리
"꺾고 베는 건 어느 때나
 누구든 할 수 있니라"
남실남실 넘쳐나는 술잔위로
아버지 오셔서 한 말씀 하신다

아내 얼굴

햴쑥한 그녀 얼굴
만나는 사람마다 어디 아프냐
소릴 듣는다
잔주름 드리운 눈가엔
아팠던 가슴만큼 깊게도 패였다
섭섭한 마음 숨기느라
이마에 굵은 목줄 나란히 하고 섰다
하고픈 말 참느라
입가엔 참새의 눈썹 한 쌍 그려 낸다
오만 가지 다독이며
내려놓고 지우려 애쓰다 잠든 얼굴
눈자위가 움직인다
고향 바닷가 뛰놀던 어린 시절로 돌아갔나보다
손을 잡아 본다
서른세 해 윤이 나도록 닳은 손

풍경 소리

늦은 밤
절간 방에 앉아
구멍 뚫린 창호지 너머로
스믈스믈 찾아오는
빗소리 듣는다

가끔씩
바람 한 점 헤집고 지나는지
파문波紋의 문양 닮은 풍경소리
섬돌을 걸어 일주문一柱門을 지나
산채山菜밥집 간판 앞을 스치며 내려간다

초파일도 한참을 지난
칠칠재 끝 날인 내일이 오면
염주念珠 손에 든 하얀 소복의 엄마는
마중 갔던 풍경소리 앞세우고
얼마나 많은 눈물 밟으며 찾아올까
유월의 아침
이른 비를 맞으며

댕그랑
댕 그랑
대 앵 그 랑

버스를 타고

수지에서 광화문 가는 광역버스 맨 앞자리
반짝이 샌들에 하얀 바지의 여자가
세월의 때 묻어 누렇게 늙어 버린
손바닥 만한 병풍접이 책갈피를 넘긴다

안개 짙은 눈동자가
느리게 느리게 지나가고
갈바람 닮은 입술이
낮게 아주 낮게 흐른다
주문呪文인지
기원祈願인지

한강을 걸터앉은 한남대교를 건너고
남산 3호 터널을 지나
조계사도 그냥 지나친다
목에 걸린 염주가
버스의 요동에 가끔씩 흔들릴 뿐
미동도 없다

적멸궁寂滅宮 도량道場에 앉아

인각印刻을 볼 때마다

책상 위
옥석玉石에 거북 구龜자
무병장수 기원하며 지키고 있다
퇴근 시간만 되면
둥근 의자에 마주앉아 지구를 몇 바퀴씩 돌았던
지하철 교대역 구내 책방 할아버지
단골메뉴는 역사와 정치
책 방문 닫아걸고 헤어지던 날
엄지와 간지 상처투성이 손으로
인각印刻 한 점 들려주며
"자식에게 주려던 것 주인 바꿨다"
건강한 치아 들어내고 웃으시던 칠순
지금은 여든 훌쩍 넘겼어도
옥 보석에 칼질은 하고 계시지요
어르신
제 림프계가 반란을 일으킨 사변事變 중인데
저 올 초가을이면 첫 시집 나와요

어쩌려고

밥을 먹다가
쥐고 있던 수저 쨍그랑 떨어뜨린 날
신경에 문제가 생겼나
외출에서 돌아오다
현관문 비밀번호 몇 번이고 고쳐 눌러 본 날
기억력이 떨어졌나
양반다리하고 앉았다 일어서며
벽을 짚고 잠시 주춤하면
척추에 무리가 갔나
친구에게
조의금 대신 부탁하고
반 년 넘긴 일력日曆에 남겨진 연필자국보고
무통장 입금시킨 날
그날도
마주앉은 식탁에선
소리만 커진 죽통竹筒은 울리고 있었다

향수화香水花

칠봉상 응달진 안채
분단장 곱게 한 족도리꽃 한 쌍 피어있다
내가 나비라면
너의 품에 안겨 한 나절 쉬었다 가고
내가 작은 풀벌레라면
너의 향기에 취해 하룻밤 잠들었을 테지
내가 꿀벌이라면
네 마음속 깊이를 알 수 있었을 테고
내가 새였더라면
너의 예쁜 모습에 반하여 이웃하며 살고 싶다
내가 나였기에
너의 모습 담을 수 없어
바라만보다 돌아선다

어떤 인연

솜털 같은 아침햇살 밟으며
그렇게 오더니
질기고 질긴 동아줄에 매달고
바다로
바다로
끌고만 다닌다

오늘은
너덜너덜 생채기의 갈포 밧줄
갯바위에 걸려 움쩍을 않는다

파도에 씻기고 씻겨도
하얀 포말에 포장된
끊지 못한 팅팅 불은 인연
무겁게 무섭게 조여만 온다

---

*갈포 = 칡 섬유로 짠 베

그 사람 기다려 보자

정월 초이틀
그 많던 사람 다 어디로 가고
태풍 핵의 정적에 쌓인 듯 숨죽인 거리
낡고 헤진 전선줄 튕기며 골목이 운다
길게 늘어선 적막
세상을 끌고 가려는 듯
햇볕 반쯤가린 낡은 보도블록 위로
설날 음식 얻어먹은 쥐들만 돌아다닌다
구석진 가로등에 기댄 버림받은 의자
영하의 날씨에 눈발까지 품에 안고 얼어있다
끊어질 듯 끊어질 듯 희미하게 남아 있는
보풀이 부풀어 퍼질 대로 퍼진 기억의 끈 한 올 쥐고
이곳에 앉아 기다려 보자
고향 냄새 풍기며 돌아올
그리던 그 사람 만날 수 있을는지

그 이름

부르기만 하여도 가슴 메이는 이름이 있습니다
연초록의 새싹 돋는 봄이면 더욱 그립고
벼 포기 스르르 바람 맞으며 커가는 칠월
풀 냄시 물씬 풍겨내는 천수답에 앉아
세월을 눕히고 또 눕혀도
쓰러지지 않고 일어서는 이름입니다
장마철 눅눅한 대청으로
빗방울 툭툭 털고 들어서는 이름입니다
빨간 사과 해마다 영그는 가을이면
더욱 가슴 아린 이름입니다
세월이 꼬리를 물고 늘어져도
지경만 넓히고 있는
평생 안겨가는 이름입니다
밭갈이 끝낸 어미 소가 멈칫멈칫 돌아보는
저무는 들녘이면
목줄을 울컥 뜨겁게 달구는
가슴에선 영영 저물지 못하는 이름입니다

② 연필 깎는 소리

밀애密愛

안개 속
꽃잎 가득 덮고 사는
산자령
메뚜기 여치
돌아가며
목청 높이는
응달진 비탈
빨간 수술 달고 숨어사는
구절초 꽃 한 송이 피었다
산 호랑나비 한 마리
긴 주둥이 꽂고 앉아
떠날 줄 모른다

내게는 하지 못할
긴 사연 있나보다

가을이 올 때마다

채색으로 곱게 물들인 낙엽
소낙비 되어 쏟아지는
느티나무 숲길을 간다
세월이 몇 순배를 돌아
피곤한 하루를 잠재우려
이파리들 차렵이불처럼 펼쳐진 만추의 전야
밟으면 밟는 대로 사그락사그락 신음소리 들린다
돌아갈 수 없는 길
서러운 그림자 꼬리에 달고
그래도 당신은 아름답게 두고 떠난다
가을이 올 때마다
한 발씩이나 짧아지는 길목에서
올 한 해도
단풍잎으로 물든 당신을
또
떠나보낸다

운길산 은행나무

운길산에 가면
천년 세월 안고 사는 은행나무
잎은 잎대로
열매는 열매대로
시가 되어 굴러다닌다

흰서리 앞세운 가을 오면
남한강을 덮고 앉은 물안개 위로
시어들 고물고물 기어 나와
아름아름 끌어안고
노란 이파리 되어 나부낀다

종일토록
뚜~욱
뚝
스르르~ 스르륵
시詩를 읊는 소리 들린다

행렬

새벽 공터
담벼락 따라 길게 늘어선 사람들 입술위로
기관차의 숨찬 호흡이
귓전까지 얼구며 지나친다
법고가 열어놓은 하루는
누렇게 빛바랜 화선지에
구겨진 동공의 인물화를 그린다
오늘의 역사는
무언으로 일관된 침묵의 행렬
혈관을 타고 흐르는 붉은 피
금방이라도 멈춰버릴 것 같은 공포
제 살을 헤집고 갉아 먹다 남은 육신 끌고 가는
기괴한 정적에 쌓인 동업자들
느리게
아주 느리게
걸음이 사나

이 가을에는

건들바람 타고 민둥산을 덮고 앉은 억새의
흰 머리카락 하나 흔들며 가을이 찾아옵니다

올 가을은
쏴아 소리 지르며 달려오는
앞산 단풍나무의 떨림보다
낮은 소리로 속삭이는
한강둔치의 돌계단에 마주앉은
한 남자의 고백이었으면 좋겠습니다
따가운 햇살 아래 영글고 여물어가는
노란 낱 알갱이 벼 한 톨이어도 좋겠습니다
시큼했던 풋사과가 구석구석 꿀 알갱이 감춰놓은
단맛이 줄줄 흘러나는 빨간 감홍이면 더 좋겠습니다

그도 아니면
하루 종일 익어만 가는
그러다
가끔은 돌아볼 수 있는
그런 가을이어도 좋겠습니다

또 하루가 간다

햇볕 드는 날보다
안개 끼고 눈비 오는 날이 더 많은
아득한 전설의 고향 같은 귀네미 마을
고랭지 채소 실은 트럭
포구의 고깃배 마냥 들고나는
구릉 꼭지
나무 한 그루 서있다

가을은
느티나무 가지에 걸린 물든 잎사귀 하나 데리고
찾아왔는데
돌아설 수 없는 날 기다리고 섰는지
시간을 잊은 듯 홀로인 저 외로움

오늘도
오싹한 저녁 갈바람에
잎사귀 몇 개 떼어주고는
깨끗이 비워놓은 밭고랑에
제 그림자 길게 누이고
모른 척 또 하루를 넘기려한다

무지함일까
미련함일까

동침

늦은 가을비가 밤새 칭얼대는
오대산 자락 이인용 텐트 속
어둠이 깊을수록 내려가는 기온
침낭 속으로 머리까지 집어넣고 잠을 청한다
홑지붕으로 떨어지는 빗소리
가슴에선 쓰르라미가 울고
이제는 지워도 될 한 소절小節
눈꺼풀 속을 용케도 헤집고 다닌다
들켰을까
낙엽이 살금살금
지붕을 밟고 지나는 소리 들린다
내일은 아침 일찍 산행인데
밤길 익숙한 당신은
낯선 곳 잘도 알고 찾아와
오늘 밤도 품속을 파고든다
잊을 때도 됐건만

꿈은 꿈으로 아름답다

푸르던 계절이 가을볕에
빨갛게 물든 산촌
굴뚝을 나선 연기가 저녁을 따라
뒷산으로 숨어든다
언젠가 지나던 길에
꼭 한 번 쉬어가고 싶었던
강 건너 묵정밭 가 빨간 슬레이트 지붕의 작은 토담집
주섬주섬 짐을 챙겨 찾아들었다
잘 익은 담쟁이덩굴에 안긴 쪼그라든 대문짝
푸성귀의 허연 혓바닥에 깔린 작은 마당
부엌 미닫이의 빛바랜 창호지에 매달린 부러진 문살
허기진 입을 한발이나 벌린 밥솥 떠난 아궁지엔
철없는 거미들이 건너오고 건너간다
"그 집은 폐가여, 십년도 넘었제, 뭐하는 사람이여"
쪼그라들고 굽은 할머니 지나치며 묻는다
눈길 머무는 곳마다
때 묻고 녹슨 몸부림친 자국들

어디엔들 폐허 아닌 곳 있을까
들춰보면 모두들 상처 한 두 개 싸안고
아픈 가슴 감추고 웃는다
산다는 건 바라보기만 한 건 아닌지
가을이 와도 가을 아닌
부서지고 내려앉은 툇마루에 앉아
폐허를 끌고 가는 가을을 본다

질주

오래된
아주 오래된
기억 저편에서 겨우 나부끼는
한 조각이 보인다
무릎까지 쌓인 눈 내리던 날
송아지만한 멧돼지 한 마리
동네를 헤집고 돌아다니다
총에 맞고 창에 찔려
이장里長 집 뒤뜰에 주둥이와 발가락만 남겨놓고
눈 속에 숨겨있던 그 날을 본다
가야할 곳
물러서야할 자리
말해야할 때
침묵해야할 시간이 있다는 것을
목살 한 근 숯불에 내어주며 일러주고 간 멧돼지
눈 속에 묻혀 이른 봄까지
마을의 보양식補陽食이 되어주던
그
고기 먹고 자란 내가
도시의 한복판으로 내달린다

어제
또
오늘에도

그래서는 안 되지

입춘을 끌어안고 찾아온 춘설
산책길을 따라 나선다
산으로 오르는 길이 미끄러워
앞서거니 뒷서거니 아파트 단지를 돈다
감촉이 좋다
들리는 소리가 좋다
머리와 어깨에 올라앉은 눈송이 떨쳐내며
두 바퀴를 돌고 세 바퀴를 돈다
사려思慮가 비탈길을 달려 나간다
얼마나 많은 세월 밟고 왔는데
놓인 송이송이 또 밟으며 가다니
이렇게 살아서는 안 되지
내려놓고 밟아서도 안 되지
지나온 길 돌아보면
그저 하얀 눈길인 것을
점점 커가는 발자국 소리
달려드는 눈발이 맵차다

파지를 줍는 손

봄을 시샘하는 눈발
거친 바람을 따라
골목골목 휘젓고 다닌다

폐지 수집 손수레를 끌고 가는
검불처럼 퍼석한 손
꼭두새벽 청소부가 비우고 간 쓰레기통을
몇 번이고 돌아보며 지나간다

그 옛날 태를 가르고
양단 이불을 마름질하던
태양을 끌어안았던 손
지금은 벼랑의 끝자락
굴참나무 삭다리에 걸린 접힌 허리에서
흩어지는 숨결이 거칠다

함부로 말하지 말라
내안에도 늙고 병든
별 한 번 쬐지 못한 앙상한
파지를 줍고 있는
시린 손이 있다

풀무 불

삼월
시골의 오일장 서는 날은
대장간도 장날이다
엿가락처럼 척척 휘던
풀무 불에서 건져 올린 무딘 연장
담금질 몇 번이면 쌩쌩하게 환생이다
무디어진 괭이가 호미로
닳고 닳은 호미는 문고리로
도끼 낫 쇠스랑 삽……
쟁기의 날을 벼리려는지 발풀무가 바쁘다
이글거리는 저 활화산
예순 해를 갈고 매어도 무딜지 않는 너
저 풀무 불에 던져 넣고 죽어야 하는데
이놈의 세치 혀
또 생사람 잡았다

진홍빛 앵초

총탄이 우박 쏟아지듯 날아든다
젊은 피가 계곡을 덮던 날
초년병이 쓰러지며
붙잡았던 풀포기
그 자리에
진홍빛 앵초가 돋아났다

여름은 문틈을 비집고 들어서는데
우리 모두는
그날을 까맣게 잊고 산다

선명한 진홍빛 흔적
부들부들 떨다 힘없이 놓고 가던 손
그날을
나도 잊고 산다

그러나
유월은
올 해도 진홍빛 꽃을 피웠다

옛날 이야기

성복천 산책로 따라
며느리밑씻개 칠월만큼 무성하다
오뉴월의 서리 맛을 봐서인지
며칠 장맛비에 잎은 곧추들고
담홍색꽃망울 거머쥐고 솜털가지 오불고불 세우고 있다
고부간의 심보가 부풀대로 부풀어
모과처럼 울퉁불퉁 멍울진 심장을 두고
시어머니 속내 보고 있는 며느리밑씻개
며느리 설움, 운다고 씻어졌던가
밤새운 다듬질 소리에
풀 먹인 빳빳한 옥양목 한 필
낭창낭창 풀릴 쯤이면
눈물도 때로는 마를 수 있음을
살았을 적 어머니 들려주시던 옛날이야기
유모차 밀고 가는 젊은 새댁은
이게 무슨 풀이냐고 묻는다
시간이 바람소리를 닮아가는 늦은 오후다

---

*며느리밑씻개 = 덩굴성의 한해살이 풀

우리들의 유월

하룻길을 달려 쇠가죽 가방에 잔뜩 넣어온
달콤도 시콤도 못한 그저 꺼칠한
익지 못해 꿈틀대는 우리들의 유월
갈매기가 펼쳐놓은 바다에 쏟뜨리다
가방 채 털썩 놓치고 말았다
아직은 낮은 수온의 바다
쉽게 상하지는 않을 테지
이리저리 밀려다니다 대양에 이르면
뭉개지고 엉킨 덩어리들 쏟아지리라
시간이 고무줄 놀이하는 아이들처럼 껑충껑충 건너뛰다
떠다니는 낡은 가방 주워 들 때면
깨끗도 하여라
시원도 하여라
파도 따라 뛰쳐나온 갈매기떼 끼륵끼륵
그날은
유월의 붉은 해 덥석 물고 오리라

연필 깎는 소리

여름이 봇짐을 주섬주섬 챙겨들고
엉거주춤 걸터앉은 늦은 오후
찻집으로 이어진 숲길을 걸으며
글 한 번 써 보는 게 어떠냐고 물었다
환하던 미소가 스물 스물 잦아들며
너무 무거워 연필을 들 수 없다는
저만치서 들리던 소리
그리고
또
겨울을 넘어 여름이 왔다
책상위에 펼쳐 놓은 원고지 위
무거워 들 수 없다던 연필을 본다
수수 단이 마르고
낱 알갱이 수 수 수
떨어지는 가을 오면
연필 깎는 소리 들을 수 있을런지

극지極地

외롭다 했나요
오직 혼자일 수밖에 없는
위태위태한
누구에게도 말하지 않은
그 곳 고도孤島에 가보셨는지요
친구도
누이의 도움도 닿지 않는
간혹 부엉이 울음소리가 위로가 되고
늦가을 비오는 저녁, 낙엽 떨군 깊디깊은 산중
그 곳에 가보셨나요
정오의 한나절을 탄천에 기대선
해오라기 한 마리가 아니구요
초겨울 시골집 감나무 꼭대기
까치밥 홍시도 아니지요
가는 곳 알 수 없는 구름만 흘러도
스쳐 지나는 바람 소리만 들려도
바삭대는 풀잎에도 묻어나는 방울방울
그곳에 가보셨는지요
얼음 잔디 몇 장 덮인 아내의 집 다녀오며
가슴에 구멍이 펑펑 뚫려

서 말 통 바람 쌩쌩 지나다니는
설달 그믐밤 간이역簡易驛 구내構內 같은
그곳에요

할아버지

할아버지
당신 손자의 손자들이 소리 질러요
갈참나무 느릅나무 우거진 산중 숲속
할머니와 합장한 무덤 찾을 길이 없는데
뭘 했느냐 고함소리 들려요

대낮에 촛불 켜고
둘러앉아 소리 질러요
만년의 역사가 쓸모없다며
당신들은 뭘 했느냐 고함소리 들려요

할아버지
당신 손자의 손자들이 소리 질러요
눈에 넣어도 아프지 않을 애기 손자들
칠월 땡볕에 세워두고
너희들은 잘못했다 소리 질러요

곧 늙어 할아버지 될 당신의 손자들
어스름에 기대앉아 소리 질러요
당신은
너희들은 뭘 했냐고 소리소리 질러요

❸ 물그림자

올무

야생화 찾아 나선 깊디깊은 산중에서
철사 줄로 꼬아 만든 끊어진 올가미 가닥
상수리나무에 매달려
늦은 오후의 한나절을 붙잡고 있다

부지런한 멧돼지인지 노루인지
어느 날 쏘다니다
생을 마감한 흔적 남아있는 길섶에 앉아
고수레로 조문弔問한 김밥 한 조각을 보며
가슴을 넘어서는 생수 한 모금
상념想念 한 가닥 데리고
끝 모를 수렁으로 끌고 내려간다

크고 작은 올무들이
산짐승 야숙근처野宿近處에 매여 있는
저 비탈길 내려서면
내가 만든 올무
나에게로의 올가미가
걷어 낼 수도 없는 많고 많은 올가미
그 속으로 걸어서 가야 한다

물그림자

해질녘 계곡 여울
돌단풍 발치에 둔 수달래 그림자
햇살에 실려와
흐르는 물줄기 붙잡고 있다

잊고 지난 저림의 하나까지
점점으로 토해 낸 핏방울
물살의 바닥까지
붉디붉게 물들였다

선홍빛 물그림자
천년을 흘러내려
해넘이 바다는
그렇게
빨갛게 발갛게 펼쳐졌나보다

바람이 분다

계곡물을 겨우내 주워 먹어 배부른 얼음판이
식곤증에 걸렸는지
비스듬히 기운 수리산 자락

꼬리 내린 겨울이 엉금엉금 기어가는 틈새 비집고
변산 바람꽃 무리지어 피었다

어제는 가을 추억 빼곡히 담은 갈잎 하나 찾아와
종일 도록 눌러 앉았다 갔는데
오늘은 아침부터 바람이 분다

남실바람에도 휘는 허리
뿌리 채 흔드는 바람이 분다
아픈 바람이 분다
어제 못다 분 바람까지 불어온다

민들레

승용차 한 대 겨우 지날 만큼
시멘트포장 군데군데 금이 간 찌들은 골목
그 틈새 비집고 노란 민들레꽃 한 송이 피어있다
바람에 끌려가다 잰걸음으로 숨어든 곳이겠지
하필이면 이 길바닥
시멘트가 토해놓은 독毒까지 마셔가며
땅바닥에 납작 엎드려
살아 남기위한 몸집
잎사귀는 보이지 않는다
봄기운 아직은 속단하기 이른 날
낮게, 아주 낮은 곳에서
빈손으로 돌아오는 저녁을 위해
노오란 꽃을 피웠다

바라만 본다

촉촉히 젖은 아침
전화벨이 울리고
바쁜 음성 빠르게 지나간다

돌담에 기대선 능소화 꽃 한 송이
바람 한 줄기 지나면서
담장 너머로 휙 떨어진다

나전칠기 책함 귀퉁이를 삐죽히 열고
두꺼운 문집 한권 일어선다
녹슬어버린 시간은
장못을 박고
후두둑 떨어질 것이다

바람이 불 때도
꽃이 떨어질 때도
바쁜 음성만 들었다
그리고
그저 바라만 본다

빈 터

씨를 뿌리고 가꾸는 사람 없어도
문명의 이끼에 미끄러져 떠난 빈 터에
눈이 시리도록 앙증맞은 봄꽃들 피어있다

흙 담은 무너지고
사립문 나뭇가지 흙이 된 자리
바람꽃 얼러지 괭이눈 복수초 처녀치마
노루귀 중외무릇 모데미풀
새벽안개를 덮고 살아간다

흔적으로 남아 있는 섬돌에 앉아
멍에 메고 밭고랑 앞서 가던 어머니
쟁기 잡은 아버지
아이들 뛰놀다 간 개울을 본다

마른 눈물 배어 있는
화전민 촌의 아픔 지우려
반 뼘도 못되는 꽃들은 저렇게
지천으로 피어 있나보다

미련未練

골짜기를 감아 돌아
붉게 아주 붉게 물들인 채화석彩畵石
반영까지 붙들고 놓지를 못한다

삶이 무거울 때 마다 쌓아둔
저리고 아픈 기억
계절을 바꿔가며 얼마나 울었기에
기우지도 못한 홍포 둘러쓰고
흐르는 계류까지 물을 들인다

이별이란 모두가 먼 것은 아니지
겉옷 훌훌 벗어 던진 나목을 보며
누렇게 빛바랜 엽서 한 장 손에 들고
이슥토록 낙엽 길을 서성이고 있다

북소리

늦은 오후
시화방조제가 건넛집 빨래줄처럼 걸리고
경작금지 출입금지 간판이 도열한
우음도를 달린다

가무락 큰구슬우렁이 팽이고동 무덤사이로
개발예정지구 표식의
삼각의 빨간 깃대
노란 깃발 펄럭이는
우음도 뻘밭

불도저의 굉음에
돌아갈 고향 잃은 갯벌을 위해
복실 강아지 꼬리 닮은 삐레기의 군상
하얀 소복 차려입고 애곡하는
우음도 뻘밭 길을 간다

중장비의 발톱에
찢기고 까무라쳐 널부러진
삐레기의 잔해위로

전설이 된 각시당의 북소리 들린다
둥
둥
둥

불타는 숭례문

해질녘 숭례문에 불이 붙었다
반세기를 들고 나던 인적 지우고
캄캄한 밤이 싫어 불 밝히려 하였는가

남해의 논두렁 태우고
낙산사를 새까맣게 태워버린 불
한강을 거슬러 서울의 한복판으로 달려들어
육백년을 태우고 주저앉았다

오늘도 숭례문은 불타고 있다
겹겹이 지켰어야 할 사람 하나
지나는 길목 풀 섶에 던져놓고
신나를 끼얹고 성냥을 마구 그어 태우고 있다

가슴에 지펴야 할 검불은 그냥 두고
지켜야할 숭례문에 달려들어
마구마구 불을 붙혀 태우고 다닌다
폭삭 주저앉은 시꺼멓게 타버린 잔해 위로
지금도 훨훨 불타고 있는 나의 숭례문

신문을 보다가

삼월의 첫날 아침
질펀하게 쏟아지는 눈을 맞으며
푸석 얼음이 남아있는 계곡 길을 오르다
자리를 펴고 길섶에 앉았다
무순 만큼이나 여린 몸매
속살까지 훤히 드러내고
눈보라 속에서 꽃을 피우는
너도바람꽃을 본다
얼마나 갈망했던 봄인가
동토에 갇혀
다시는 돌아올 수 없었던 고향
좌절 절망
그러나 포기는 아닌
바람은 왜 이리 차가운지
이직은 이르다고 조심하라고
다시 동토에 갇힐지 모른다고
일러준다
깔고 앉은 일간지의 사회면을 펼친다
절도범
살인범
자살

소나무를 생각한다

어슴푸레한 밝음 따라 뒷산을 오르다
밑동만 남은 소나무 등걸에 걸터앉아
나무를 생각한다
살아서는 청청의 자리에
죽어서는 들보로
남은옹이는 관솔로 가난한 밤 제 몸 태워 밝히더니
뿌리는 썩어 유충과 개미들 집단촌에
무상으로 넘겨주었다
세상에 이만한 아름다움 있을까
이만한 절개 또 있을까
베인 등걸에선 다시는 새싹 키우지 않는 저 냉정
있으면 있는 대로
없으면 없는 대로
살 만큼 살다 떠난 자리
씨앗을 열고나온 어린 것들
올망졸망 둘러서서 자라고 있다
지필묵과 글방 없어도
소나무는 소나무로 살다간다

연꽃은 지고 없는데

여름내 솥뚜껑만큼이나
큰 잎으로, 꽃으로 풍성했던 연밭
화려함 뒤의 쇠락을 본다
검게 말라 뒤틀린 줄기
버틸 때까지 버티어 보자고
꺾이고 꺾인 몸 머리까지 흙속에 묻고
생존의 의미가 손끝에 닿을 때까지 기다리고 있는 듯
살얼음 반이나 채운 논바닥
물 섶까지 파고든 빈곤의 그림자
제 모습보다 더 선명한 여윈 몸으로
써내려 간 수많은 언어들
셰익스피어가 와도 읽어 낼 수 없을
자신들의 이야기 펼쳐 놓았다

하고 싶은 이야기 저들만이겠는가

오늘은 따뜻하겠다

신호등 건널목
휠체어에 앉은 빵모자에 마스크를 한 남자
실크 스카프의 여자가
핸드백을 열어
다림질 잘 된 터키옥색 손수건을 집어낸다
발판에 놓인 남자의 구두
입김까지 입혀가며
먼지를 털다 어르고 있다
가방 안으로 다시 들어가는 터키옥색
청정함을 지켜주려는 것이리라
병원. 나들이. 초대받은 것일까
아무렇지도 않은 듯 신호등 따라 건너간다
보도블록 턱에 걸려 휘청하는 휠체어
중심을 잡아주려 어깨위에 놓인 손
발판 위 담금질 끝난 반짝하는 콧날
오늘은 참 따뜻하겠다

상처

용서할 수 없었던 것일까
태장笞杖으로 맞은 곤장棍杖 얼마나 매웠으면
만년萬年의 계류溪流마저 찢어놓고
도톰하던 갈빗살마저 발겨 내린
두 해 전 집중호우 지난 흉터
지금도 흉흉하다
수달래 곱상스럽던 집채만한 바위마저
흔적도 없이 뭉개버린 징벌의 현장
죄와는 무관한 구절리
지금도 중환자실에 누워 진료를 기다린다
형벌이라면 문명이 맞아야할 매
왜 너는 뭇매로 엎어져야 했는가
생채기 아물기 전 천둥소리 또 들린다
얼마를 더 두려움에 떨어야 하나
큰비 쏟아지려는지 캄캄하다
어떻게든 기도는 해야겠는데

---

*수달래 = 산철쭉

저녁이다

저녁 햇살
백십일호 병실 앞에서 잠시 주춤거린다
어느 곳인가는
한 번쯤 더 둘러보고 싶은가보다
싹을 틔우고 꽃 피워 이삭을 영글게 한
황홀한 그러나 가끔은 외로웠던 빛이었다
햇살은
이제 막 꽃망울 열고 선 벽담
반들반들 윤이 나는 간이침대
비워진 옷장의 문고리를 스치듯 지나
시간에 쫓기는지 그림자만 세워두고
무안한 듯 뒷산 등성을 미끄러지듯 넘어간다
이제는 더 이상 따뜻한 하루일 수 없는
차가운 어둠이 내려앉은 창가
여울에 놓인 종이배처럼
크게 때로는 엷게
하얀 커튼을 닫는
떨고 있는 파리한 손
저녁이다

---

*벽담 = 碧潭. 대한민국에 하나 밖에 없는 난

걸어온 길

지하도 출구에서 맞닥뜨린
천둥과 함께 쏟아지는 거센 빗줄기
맹렬한 기세로 덮쳐온다
세상을 단숨에 삼켜버릴 듯
피할 수 없는 길이라면
굴복
비겁한 결단
아니면 정면대결
그러나 선택은 매 번
용기勇氣도 무용武勇도 아닌
신문지로 머리만 가리고 뛰쳐나간다
우주가 망가지기 전 해야 할 일이 있는 듯

지구는 제 궤도에서 한 치値도 벗어남 없이
바닥에 튕긴 빗물
바지 밑단만 조금 적셨을 뿐인데

지하도를 지키는 사람들

얇은 바람에도 사각대던 마른 잎사귀
초겨울 날비에 제 몸무게 이기지 못해
젖은 잎맥은 떨어져 비틀거린다
아침은 늘 그렇듯이
잎 지운 가지 끝 물방울을 타고
아무 일도 없다는 듯 돌아왔다
단절의 시작은
백치의 늙은 할머니처럼
낯선 하루 위를 굴러
젖은 잔디밭을 건너
돌멩이로 박음질한 좁은 길로 달아나다
공허의 밭에 털썩 주저앉았다

---

*날비 = 비가 올 것 같은 징조도 없이 내리는 비

잠깐 다녀올게

아주 무거운 어둠이다
겨울비가 밤늦도록 내린다
눈앞의 사물들 겨우 알아볼 수 있을 만큼만
전등불이 드문드문 지키고 있는 지하도
공 박스 두어 겹 포갠 위에 뒤틀린 가부좌
닫힌 적 한 번 없는 입구를 향한
누추해진 저 영혼의 갈망
그의 이름은 족보에도 기록 못한 버려진 아이
일곱 살 적 어머니가 두고 간 왼손바닥
그 감촉 지우지 않으려
지린내 나는 상의 주머니에 찔러 넣은 손
"잠간 다녀올게
절대로 딴 데 가면 안 돼"
그 때 그 음성
지키고 앉은 마흔 하나
노숙자의 이름

4 붉덩물

꽃으로 피었으면

오월이 닫히는 날
큰 앵초 찾아 길을 나섰다

응복산 정수리로 찾아온
시내산의 안개구름
종일토록
떡갈나무며 갈참나무 품에 안고 흐느낄 때
여린 잎 몸에선
후두두 후두둑 눈물 되어 떨어진다

운무 속을 헤집고
햇살 한줌 내려앉은 산비탈
터지려는 꽃망울 골라
가슴으로 그림하나 그려놓았다

머 언
훗날
이곳
찾는 사람
하나 오면

나
여기
이
구름 뒤에 숨어
꽃으로 피었으면

이른 아침에

일출은 아직 멀었는데
송알송알 빗방울
베란다 통 유리창에 붙어 서서
토닥토닥 두드리는 소리 들린다

이른 잠 깨우고
저들은 좋아라 뒹굴며
낄낄대며
새벽을 굴리고 있다

내 중심中心 읽었는지
지들끼리 모였다 구르며
수군덕거리다
옆집, 아랫집으로 떼로 몰려다닌다

또르르 굴러 내리는 물방울 하나
수직으로 때로는 사선으로
날밸 틈도 주지 않고 지나갔다
이렇게 잠간 지나가는 거라며

엄마 생각

장맛비 온다는 일기예보
보름을 넘기더니
오늘은 제법 굵은 빗줄기
이슥토록 쏟아 붓는다

어릴 적 뒤뜰 왕대밭
따닥따닥 댓잎에 떨어지던 빗소리
그 빗줄긴가 싶어
어둠 속을 한참이나 지켜본다

불빛 머금은
미끈미끈하고 토실토실한
면발 닮은 비
건조대에 방금 걸어놓은 국수 가락처럼
앞산까지 가물가물 널렸다

비오는 날이면
이마에 송골송골 맺힌 땀 훔치며
사기대접에 고봉高捧으로 담아 주던
메밀국수

멈추지 못하는 빗방울 사이로
조리로 건저 올리는 국수 가락이 보인다
찬물에 헹구어 내는 엄마 손이 보인다
수직으로 선 채찍비가 점점 더 세차고 거칠다

7월 장마

피기도 전 꺾인 꽃송이 손에 들고
엄마가 운다
삶을 송두리째 뒤엎은 폭풍우
그믐밤의 돌밭 길을
선혈자국 밟고 가는
숯이 된 까만 가슴이다
삼복의 불전佛殿
오금이 무르도록 배拜를 올리며
끊임 없이 흘리던 눈물은
대웅전 앞뜰을 지나 한강에 보태지고
그 많은 한숨은
이른 새벽 천상에 올라
칠월의 장맛비가 되었나 보다

대청소

마른장마 끝내고
밤낮으로 쏟아 놓은 장대비에
끈적끈적한 오후가 칠월을 잡고 있다

지구바닥을 깨끗이 씻어 보려고
가마솥 누룽지처럼 찰싹 달라붙은 골목길의 파지破紙
아파트촌을 빠져나온 식은 밥 한 덩이
중도금 입주 시 일시납 광고지에서 흘러넘친 황토 더미
전주비빔밥처럼 비비고 섞어
세상 소음까지 데리고
고래고래 소리 질러가며 개울을 훑어 내려간다

이제 남은 건
어둡기 전 이웃 몰래 개울가에 나가
감춰뒀던 몇 알 남지 않은 빛바랜 약봉지
먹지도 못하고 버리지도 못해 들고만 다니던
설익은 감자 몇 개
슬쩍 밀어 넣는 것이다
바랑 멘 그 남자처럼

벽조목霹棗木

가뭄 해갈이나 되게 비나 왔으면 빌었더니
청청하던 사월 돌풍 태질에 겨우내 잘 견뎌준
이삭피운 보리 발목 몽땅 부러져 너부러졌다
겨우 여우비 잘금거리다 웬 천둥 벼락
앞산 늙은 대추나무 벼락 맞아 빨딱 일어났다
벽조목 인장 지니고 다니면
잡귀신들 물러간다지만
벼락 맞은 대추나무의 대답은 아니다
"왜 하필 그 자리에 있다가 날벼락을 맞어
조금 비켜만 있어도 피해갈 것을"
껍데기 바싹타버린 까무잡잡하게 굳은 나신을 본다
곧고 모진나무 날벼락에 극양極陽으로 돌아섰으니
도끼도 톱날도 수십 개는 부러져야하리

붉덩물

열흘 장맛비에
오월의 쑥대처럼 쑥쑥 자라난 팔당댐의 수위는
슬그머니 수문을 한발이나 끌어 올린다
먹이 낚아챈 포악한 악어처럼
맹수들의 으르렁거리며 달려드는
공포의 질주가
잠수교를 집어삼키려 달려가고
댐의 난간으로 솟아오른 깃털은
황토 염색통에서 막 건져 올린 닷 필 무명 되어
활처럼 걸린다
두루마리구름 제 집으로 돌아가면
수문은 햇살에 쪼그라들다 제자리로 돌아오고
건조 끝낸 황토광목은 거둬들여 옷감이 될 것이다
재단사의 손이 바쁘게 움직이고
점포의 옷걸이에 때깔고운 치마저고리 걸리면
딸네 집 가는 어머니의 눈길 머물게 되리라
쏟아지는 붉덩물
웰빙 황토 옷 만들 꿈에 젖어
무지개를 어깨에 걸치고 있다

댐의 수면에는 청상靑孀의 세월만큼이나
지우고 싶은 삶의 찌꺼기들 모여들어 넘실댄다
홀로 감당하기에는 너무나 힘겨운
수면을 떠도는 어찌할 수 없는 잔재들 감추고
붉덩물은 곱게 흐른다
색깔이 곱다

봉사자라는 이름

장맛비 중부전선에 유난히 포격을 더해가는
칠월의 눅눅한 지하 예배당
머리숱 듬성듬성한 석좌 교수님
음성만은 아직 삼월 볕이다
부자와 권력자, 겸손한 자 보았느냐
쥐뿔도 모르면서 철학 강의를 한답시고
어제까지 얼마나 교만했는지 모른다며
연신 이마에 붙은 땀방울 걷어내신다
소유가 아닌 존재중심에 있을 것을
우쭐대다 깨어보니 일흔이 넘어갔다는
장마철에도 수분 다 빠져나간
드라이플라워 마른가지 손에 잡고
기도를 드린다
다 내려놓으라고
용서하고
평안하라고
누구나 가는 길이라고
고개 빳빳이 들고 말하고 다닌다

우포늪에 가면

고요하다
땅을 베고 누운 조각배 너머로
빗방울
토닥토닥 수면을 때린다

바람과 빗소리가 전부였던
아득히 먼 날의 기억이
음률에 맞춰 늪을 지나간다
늪은 오늘을 모두 지우고 싶은 것이다
촌로의 헛기침
말기 암 환자가 죽었고
신문지면을 까맣게 매운 활자
백로가 딛고 선 촉촉히 젖은 발자국
한 뜸, 한 뜸
개구리밥 생이가래의 초록 융단에 묻는다

우포늪에 비가 오면
모두가 비에 잠긴다
늪도
동네 꼬마들의 재잘거림

자동차의 소음
솟대에 홀로 앉은 청둥오리의 꿈도
적막의 창에 걸터앉아
비가 비를 맞으며 걷는 소리 듣는다

초심

천년을 일만 삼천 번 돌아와
작은 수로 하나 매달고 앉은 우포늪
서른 해 지난 기억 더듬어 찾아간 그곳
통나무 판자 세 쪽 이어붙인 조막배 여섯 척
빗속에서 꽁지를 맞대고
그날처럼 놓여있다
조막배는
질펵해진 뭍 가에서
땅이 열리던 날 맺은 문명불가침의 조약
기억하고 있는 것이다
쟁기에서 경운기 트랙터로 바꾼 농부가
겉보리 몇 섬 얻어 보려고 늪가를 파고들면
시간을 차곡차곡 쌓아 걸쭉해진 갯물은
비를 불러 발자국마저 깨끗이 씻어놓고
노가 된 대나무장대로
바닥을 쿡 쿡 찔러 가며 세월의 시간을 저어주어
늪의 잠까지 흔들어 깨운다
수생식물을 안고 침묵 하고 있는 늪
셈할 수 없는 계절이 군상들을 데리고
강물처럼 흐르고 흘렀어도

그날을 잊지 않으려
비오는 날이면
우포늪도 조막배도 하나로 젖는다

침묵

자정을 넘어선 한밤중
쏟아 붓는 소나기가 심상찮다
억수같이 내려 꽂히다 잠시 동안의 휴식
으스스한 침묵이 뒤를 따른다
가로등 몇 개만 뽑아버리면
천지창조의 재현
그리고 소돔과 고모라의 엎어짐
한 바퀴 휙 돌아나간다
잠들지 못하는 한 인간에게
고층 빌딩 숲을 탐조하는
예리한 칼날이 사선을 긋는다
땅의 떨림과 진노의 폭성이
칠흑의 공간을 흔들 때마다
규칙을 벗어난 심장은 덜덜거린다

겁먹은 눈망울을 두고
신은 그저 침묵이다
언뜻 스친 죄에 대하여

여자가 운다

TV모니터에 나타난 빨간 순찰차
좁은 골목길 헤집고
앵앵거리는 경고음에
여자가 운다

어스름이 찾아든
병상의 늦은 오후
부엉이 눈이 된 여자가
벽을 베고 앉아 소리 내어 운다

회한悔恨인지 위로慰勞인지
뜨거운 팔월의 소낙비 한줄기
어둠까지 끌어안고
쏴 아 아
소리 지르며
퍼붓고 지나간다

동짓달

거여동 움막 촌 언덕배기
어둠이 듬성듬성 골목길을 메우는 저녁
지쳐 너부러진 중년
빈 소주병 들고 휘청거린다

고급 승용차는 적법이고
양말 쪼가리 실은 픽업트럭만 불법주차냐
고래
고래
지르는 소리 들린다

비닐로 포장한 납작한 집이 보인다
생선 상자로 엮어 만든 대문짝
꼬질꼬질한 아이들 눈동자
양은냄비 들고 선 눈이 퀭한 여인
서럽고 무서운 가난의 시린 밤이
또
시작되나 보다

눈이 내리면

눈 오는 저녁이면 길을 나선다
한강둔치
인사동 골목
대학로 몽마르트르 언덕

가슴에 지우지 못한 발자국 하나
가던 길 돌아서 올 것만 같아
하던 일 내려놓고 길을 나선다

사선으로 달려드는 눈발 맞으며
우산 받쳐 든 얇은 손 떨고 있을 것 같아
눈 내리는 저녁이면 길을 나선다

저물어 어둠내린 골목 끝까지
아무도 가지 않는 하얀 눈 위를
뽀드득 뽀드득
머 언
길을 나선다.

엄나물 한 접시

오월보다 더 푸르고 싱싱한
저녁 식탁 위 엄나물 한 접시
쌉싸래한 맛
늦봄에 지친 하루 일어서게 한다

할머니가 잡귀 쫓는다며
구석진 고간 뒤편 기둥 모서리에 매어뒀던
무서운 엄나무 가시를 생각하며
나물 몇 점 집어먹다가
가슴팍이 무거운 아내 앞으로
반쯤 남은 접시를 슬그머니 밀어 놓았다

흉선에 붙은 떼거지들
설익은 가시 품은 엄나무 새순에 놀라
줄행랑 칠 것 같아
건네준 나물 반 접시
엷은 미소에 실려
식탁 위를 몇 번이나
갔다 왔다 한다

노천 스케이트장

원통 인제 흐르다 가는 인북천
버들치 쉬리 퉁가리의 고향땅
급류타던 고무보트 쉬어가던 여울목에
노천 스케이트장 올해도 성업중이다
포장마차에서 구워내는
오징어 노가리 냄새 맡고 자란 골바람
날랜 솜씨로
갈대의 봉우리며 잎사귀까지 하늘에 띄우고
모래알 한줌씩 허공에 뿌려댄다
출발선에 나란히 늘어선 칼날
호각소리에 놀란 빨간 깃발 뚝 떨어지자
회오리바람이 몰아친다
매끈한 날씨 푸석 얼음에
처마에 달려 바람소리만 듣던 칼날들이다
모래 바람 앞세운
쩌렁쩌렁 울려대던 한파
지구 껍데기에 꽁꽁 얼어붙은 불황까지
한길로 몰아치며
근육질의 젊음이 내달리고 있다

서원誓願

우회전은 해야 하는데
덤프트럭 쏜살같이 달려들며 빵빵거린다
차선 변경도 못하고 깜박이만 켰다가
신호등 앞에 놓고 러닝 차림의 젊은 기사
걸쭉한 입심에 삿대질이다

벌써 서너 해 후딱 지나갔건만
신호등만 보이면 밟히는 소리
나이만 퍼먹으면 제일이냐
조명등 번쩍이며 지나가는 마흔의 젊은이

연륜과 경륜이 만만찮으신 조채영 시인님께
"선생님 몇 살 되던 해 철哲 드셨나요" 물었더니
일흔 넷에 철든 것 같다 하신다
후원後援 없어도 가난함에 감사하며 사는 요양원
얼마 남지 않은 삶의 꼬리 밟고 선 허리 접힌 늙은 목사님
퇴임하고 물러나니 하나님 말씀 들리더라 하신다
열두 해는 더 길러야

세상 소리 녹여 낼 수 있다면 너무 긴 거리
하나님
단박에 아래로 아래로 더 무너지게 하시지요

오늘은 5월

이른 아침
미루나무 잎사귀가 봄비를 물고 쌩쌩하다
벽을 타고 흐르는 CT기계음
촬영 중 경고등 무시한
침상을 밀고 들어서는 무례함
풋 냄새 물씬 나는
아직은 열매랄 것도 없는 여린 싹
빼곡히 전신에 달라붙은 계기판
인공호흡기에 매달린 거친 호흡
허공을 한 바퀴 돌아오는
어디선가 본 듯한
네 살배기의 묵언
하나님!
오늘은 푸른 오월
그 푸르름으로 가득 채울 수는 없는지요

5 어부의 바다

거미

빛바랜 현수막
대문마다 찰싹 달라붙은 안내문
모두 다 보상비 받아들고 떠난
음지마을

다리 저는 할아버지
등 굽은 할머니
딸 아들네 집 가기 싫어
텃밭에 고추심고 눌러 산다

호미 괭이자루 뒤엉킨
창고 문짝 지키고 있는 경고문
떠나라는 날짜 지나간 지 오래됐다

골 패인 처마 밑
작은 거미 한 마리 웅크리고 앉아
비에 젖은 낙엽만큼 납작해진
늙은 부부의 하루
넘겨다보고 있다

매미

태풍 휩쓸고 지나간 맑게 갠 아침
십삼 층 베란다 방충망에 매미 한 마리
살금살금 위층으로 올라간다
칠월의 비 오는 날 알에서 일어나
담장 밑 숨어들어 일곱 해
제 모습 다듬고 다듬어도
한두어 달 살다 갈 줄 알았는지
낮 밤 가리지 않고 지겹게 울어 대더니
방충망에 붙어 떠날 준비 하나보다
올라오며 아랫집도 보고 왔겠지
우리 집 다음으로
윗집도 곧 살펴볼 게다
그저 그렇게 살고 있는 걸 알고 나면
아이들 매미채 들고 섰는 십구 층
엉금엉금 배밀이로 도착하겠지

찻잔

매미가 자지러지게 울어대는
바닷가 숲속 찻집에 앉아
잘 익은 덕음 차 한 잔 권한다
마시고 나면
부어놓고
비우고 나면
채워주고
주전자는 찻물을 몇 번이나 끓였는지
오후가 모자라 저녁이 되었다
별들이 돌아오고
파도 따라나선 백열등이
고깃배를 끌고 가는 밤
만선의 보름달까지 데려와
찻상에 마주 앉는다
비우지 않으면 채울 수 없는 잔
비워야만 채워지는 잔
이제
채워진 잔을 비워야할 시간이다

발자국 하나

서해가 웅크리고 앉은 늦은 오후
떠난 썰물 그리며
반짝반짝 윤이 나는 목마른 갯벌위에
발자국 줄을 지어 바다로 간다

하루에 두 번 찾아오는 바다는
돌아갈 때마다 개흙 몇 알갱이씩 손에 쥐고 가는데
저 뭍에 나의 자국 남겨 놓으면
얼마나 여기서 견디어 줄까

무수히 밟고 지나간 내 길 위에
지우지 못한 발자국 하나
어둠에 허물어져 묻힐 때까지
바다는 오면가면 지켜보고 있을 테지

산다는 건

바다와 하늘 열려고
절간에서 목어와 풍경이 운다

해 뜨면
부산한 일상들 일어나
잊혀질 시간들을 꿰매가며
퍼즐 맞추듯 이어진다

살아간다는 건
생면부지의 너와 내가 한 점에서 만나
함께 비를 맞으며
느낌표 몇 개씩 나누며 가는 것

오늘은 또 누가
텅 빈 우주 안으로 들렀다 가려는가

바닷가에 앉아

여름아침
바다는 해를
태양은 바다 새를
바다 새는 하늘을 밀어 올린다

모래톱위에 나를 앉히고
파도가 적시고 간 신발 끈 조이며
누군가를 위해
조금은 늦었지만
귀 기울여야겠다는 생각을 한다

파도에 씻기운 맑은 눈망울
말간 바닷물에 헹구고 말린 영혼
별과 바닷바람 담긴
마음 하나 보고 싶다

내 파란 귀 기울여 들을 수 있는
그렇게 들을 줄 아는
사람 하나 만나고 싶다

갈남 포구

빗방울 이고 선 포구
갈남 앞바다를 지키는 사람들
고기가 잡히지 않는단다
평상 차양막 기둥에 기대앉아
소주잔에 미역귀 앞에 놓고
바다를 보고 있다
세월의 무게에 절은 바지저고리
파도의 깊이만큼 패인 주름진 얼굴
옹이 벤 손가락 소주잔이 떨린다
발동선 포구에 묶인 지 오래된 듯
밧줄은 너덜너덜 살갗이 헤어졌다
뱃전에 기대선 쪼그라든 어부
만선 깃대 꽂고
새벽을 가르는 꿈에 젖었나 보다
어부의 어깨가 흔들린다
바다가 흔들린다
늙은 어부 바다로 뚝 떨어진다

손등에 앉은 바다

낚싯대 챙겨들고 새벽길 나섰다
시원한 바닷바람이 그리운 칠월
갯바위 걸터앉아 드리운 낚싯대
찌는 계속 옆으로 흐르고
꼬마 게 녀석들 옆걸음으로 걸어와
가끔씩 내 바지 속을 훔쳐보고 있다
태양은 정오를 넘어 달아나고
찌는 시간에 업혀 물길 따라 흐른다
글 쓰는 연습하겠다고 챙겨간 연필과 노트
출렁이는 바다가 가져갔다
왜 고기가 낚이지 않느냐고 여자가 묻는다
어부도 못 잡는 고기 낚겠다는 게 잘못이지
바다가 좋아
바다에 안기고 싶어 찾아온 걸음
발등엔 갯강구 한 마리 골고 앉았고
빨갛게 익은 손등엔 바다가 앉았다
다시는 돌아가지 말까
연금정 갯바위에 붙어살까 보다

어부의 바다

바다 횟집에서
금방 삶아 낸 문어
초장에 덥석 찍어먹다가
문어 빨판에 묻어 있는 바다를 본다

휘어진 어부의 일상
태풍만 없으면
폭풍만 없으면
통발을 싣고 바다로 가고
바다를 싣고 돌아온다

해방되던 날부터 오늘까지
뼈에 구멍이 숭숭 뚫리도록
뚫린 구멍마다 바다가 하나다

문門 하나 사이

어판장魚販場에서 팔딱이던 생선
냉동 창고에 늘어놓은
널빤지에 누워 쉬고 있다

고단도 했으리
텃밭 가꾸며 살기에는 애초부터 글렀던
망망대해의 삶

얼음 찜질방에 모여들어
고향 꿈도 접어 둔 채
칠월의 찜통 잊은 방안에서
오수午睡에 묻혔다

고작
문門 하나 사이에 두고
혼까지 편히 쉬고 있다

추운 겨울 날

태안 앞바다에 겨울이 왔다
수평선이 태양을 깔고 앉아 고뇌하는 시간
유조선의 옆구리가 터져
시꺼먼 문명의 이끼가 바다를 덮쳤다
신두리 모래톱에선
검정수의로 갈아입은 바다 새들의 장례식이 열리고
장송곡을 연주하는 검은 파도 뭍 가에는
내가 만든 올가미에 포박당한 갈매기 한 마리
원유를 뒤집어쓰고
텔레비전 뉴스 시간
일간지 첫 면
몇 주 동안 하나 가득 메워주었다
걷는 걸음
날개 펴는 횟수만큼
오그라드는 심장
파란 하늘을 본다
푸른 바다를 본다
문상객이 깔고 앉았던 찢긴 신문 쪼가리 속 생생
한 얼굴들

바람이 앗아간다
마지막 생명의 피돌림마저 멈칫대는 시간
절대고도의 늪에서 하늘 나는 어머니의 영정을
본다
굳어가는 모가지에 붙은 핏발선 눈망울에 저녁이
온다
어둠이 조용히 오고 있다

청산도에 가면

갯내음 샛바람 데리고
섬 한 바퀴 돌아오면
층층으로 쪼아 만든 조각 밭에선
청보리가 5월의 보석처럼 여물어 간다

타작마당에 눕기까지
익어서도 파란 보리는
잎이며 알갱이에 붙은 수염까지
그렇게 처음처럼 살다간다

비췻빛으로 시작한 만남이
붉었다 노랗다 갈색이 되는 걸 바라보며
파랗게 파랗게 익어만 간다

물일 싫어 뭍으로 간 댕기머리
흰머리 되어 다니러온 할머니 손바닥에서
파랗고 파아~란 청보리가 익어간다

파도를 그리며

넘실대는 파도
차안此岸까지 밋밋하게 끝나게 되는
거기에 섬이 있어
하얀 포말을 힘껏 휘날리고
함성을 지르다 짠 바다향기 흩날리다
허공으로 제 몸을 묻는다
언제 저 파도처럼 장열하게 깨어져 본 열정 있었던가
아무리 돌아봐도 뒤적여 봐도
그런 파도는 없었다
언젠가 태풍이라도 폭풍이라도 밀려들면
온통 세상 한 번 희뿌연 포말로 뒤덮이고야 말
파도가 되리라
으악 소리 한번 못 지르고 주저 앉더라도
드세게 몰아치는 파두가 되리라

여심女心

울릉도 가는 뱃길
파란 바다 속을 들여다본다

사천사십구 미터
깊고 깊은 바닥을 볼 수 없다
쓰고 짠 맛 전해줄 뿐

세상에서 가장 깊고 먼 거리는
머리에서 가슴까지라는데
인류의 시작부터 지금까지 셈하고 셈해도
계산하지 못한 멀고도 먼 거리

얼마나 깊었으면 소리도 없었을까
얼마나 멀었으면 읽을 수도 없었을까

무지

어부는
하늘만 봐도
바람 소리만 들어도
내일을 안다

할머니는
애기 울음소리만 들어도
젖은 기저귀에 손만 닿아도
어디가 아픈지 안다

나는
당신의 웃음소리
긴 한숨 보고도 잠잠하다
내가 알 수 있는 건
배탈이 난 다음에야
배가 아픈 걸 아는 것뿐이다

그 섬

파도가 세찬 밤이다
겨울이면 더 선명하게 드러나는 섬
썰물이 들고 밀물이 나면서
사구는 모두 떠내려가고
앙상한 벼랑으로 남아 있다
이제는 더 이상 내어줄 것 없는
암벽만 남아 있는 섬
짊어진 게 없어 홀가분해진, 점점의 섬들
그래도 지키고 싶은 것 하나 있어
늦은 밤을 베고 곤히 잠들어 있는 섬
그 바다의 섬들은
저마다 파란 하늘을 가슴에 안고
바다를 지키고 있는 것이다
바다에만 섬이 있는 건 아니다
마지막 경적을 남기고 간
전동차의 파장을 몸으로 삭이는
지하도 광장에 뿌리내린 섬
너울에 허물어지지 않으려 패이고 깎인
섬들이 아프다
파도소리가 거칠다

그날 밤

선달 그믐 저녁
예불 끝난 절 마당
하현달이 데리고 온 대추나무
창문 앞으로 바싹 다가섰다
고무신 놓였던 자리
낯선 신발 보고 있는지
떠나지를 않는다
섬돌 위가 궁금했다면
방안이야 오죽 했을까
제 놈이 들어와 봤자
두 뼘 책상에 종이 두 장 연필 하나
나는 그런 사람 아니라고
비닐 덧댄 낡은 문짝 활짝 열어 주었다
초라한 늦은 밤, 제 눈으로 보고서도
미지근한 방바닥ㅇ루 성큼 들어와 앉는다
그래도 대추나무야 났지
행여 반다지 문 열릴지
술 한잔 힘이라도 빌려
헛기침 한번 해보기라도 하는 건데
열지 못한 그날 밤의 그대에게

끝도 없이 끌어다 붙이고 쌓고 쌓아
지금은 남산 보다 더 큰 산이 되었다
그 문 한번 열어 봤으면 없어도 될 산

난치병難治病

남산에
외국 깃발 꽂혔을 때
할머니의 할머니는
통곡하다
통곡하다
강을 건너 화냥년還鄕女 되고

할아버지는
소리 지르다
소리 지르다
징용선徵用船 타고 바다로 갔고
그 딸들은 울며불며
배를 타고 일본군위안부日本軍慰安婦가 되었다

나는
그
젖꼭지 물고 자란 이야기 듣기 싫어
이어폰 끼고 노래만 듣다
고막鼓膜 깨진 중이염中耳炎 환자 됐고

누이는
고운 얼굴 그을릴까봐
큰 차양遮陽 모帽 눌러쓰고 땅만 보고 살다
하늘 한번 날지 못한
쩔뚝이 새가 되었다

지연희 (시인, 수필가)

미세한 감성의 울림으로 노래한 가슴 아린 사모곡

思母曲

정인선 시인의 첫 시집 「잠깐 다녀올게」의 출간을 맞는다. 어제인 듯 싶은 신인문학상 수상 소식 이후 이렇게 단걸음에 시집을 묶게 되어 여간 기쁜 일이 아니다. 정 시인의 탁월한 재능이 끌어올린 결과이지 싶다. 더구나 용인지역 문예진흥기금 문학지원금을 받아 시집을 출간하게 되어 의미가 깊다. 대한민국 유수한 문인들이 심사하고 선정한 문학지원금 수혜 작품집이어서 이 시집에 수록된 시들의 평가는 구태여 논하지 않아도 될 법하다. 그러나 시인이 시작활동을 시작할 무렵부터 오늘에 이르기까지 함께 시문학 수업을 이어온 인연으로 이 시집 출간의 기쁨을 나누며 작품의 흐름을 언급하려 한다.

정인선 시인은 계간문학지 『문파문학』 신인상 시 부문에 당선되어 문학인의 길을 걷고 있는 사진작가 겸 시인이다. 또한 병상의 그늘에서 생과 사를 헤매는 중환자들을 위한 호스피스 봉사자로의 역할을 감당하고 있다. 이미 많은 계층의 사람들에게 알려진 사실처럼, 마음 가난한 이웃의 지팡이로 헌신하는 하느님 말씀의 실천을 보여주며 사는 사람이다. 그러나 그가 하는 많은 뜻있는 일 가운데 시문학 창작에 기울인 투신은 올곧은 시인탄생을 염원하는 대한민국 문단을 살찌우게 하고 있다. 이는 개인적으로 시문학 성장의 무한한 가능성을 예감하게 하여 여간 감사한 일이 아니다.

이 시집에 수록된 90편의 시를 짚어보면 시인의 시 정신이 내포하는 특정한 정서를 읽게 된다. 섣불리 지워지지 않는 정인선 시문학 서정의 끈은 '어머니 사랑'의 힘이다. 많은 부분의 시에서 어머니의 따뜻한 손길과 마주하게 되는데 미세한 감성의 울림으로 노래하는 가슴 아린 사모곡思母曲이다. 노자의 도덕경에는 天下有始, 以爲天下母, 有名萬物之母(세상에는 처음이 있으니 그것을 천하의 어머니라 한다.)라 일컫고 있다.

만물의 근원은 어머니이며 그로부터 생명이 있는 모든 존재는 의미를 지니게 된다는 것이다. 때문에 어머니는 하늘이고 땅이라는 큰 울림이 아닐 수 없다고 했다. '삽짝 문 앞 대나무 바람만 흔들어도/창문 틈새 바라보던 우리 어머니' 로부터 이 시집의 지류支流는 흐르게 되며 여류餘流가 형성된다.

품삯 겉보리 세 되 받아들고
돌아오는 길
길옆 버려진 나뭇가지 주어들고
쓰러져 가는 초가집 지키느라
어머니는 얼마나 힘들었을까
배고프다 보채는 어린 형제 남겨두고
산 넘어 품삯 길 얼마나 멀었을까
무명 치맛말기춤 식은 감자 품고 와서
자장가 대신 들려주던 군대 간 큰형 얘기
얼마나 힘겨웠으면 감기도 못 왔을까
얼마나 슬펐으면 울지도 못했을까
삽짝 문 앞 대나무 바람만 흔들어도
창문 틈새 바라보던 우리 어머니
얼마나 힘겨웠을까
얼마나 얼마나 힘들었을까

– 「얼마나 힘들었을까」 전문

「가을만 오면」「무쇠다리미」「얼마나 힘들었을까」「그늘」「풍경소리」 등은 어린 시절 어머니의 그늘 속에서 성장하던 날들의 그림이다. 시인의 추억 속에 머물러 숨 쉬던 어머니가 원고지 위에 접사되어 생명을 지니고 따뜻한 정서로 부활되고 있다. 자식을 위해 자신을 헌신하시던 어머니의 묵묵한 사랑이 빛으로 일어선다. "얼마나 힘겨웠으면 감기도 못 왔을까/얼마나 슬펐으면 울지도 못했을까/삽짝 문 앞 대나무 바람만 흔들어도/창문 틈새 바라보던 우리 어머니/얼마나 힘겨웠을까"에서는 다소곳한 어머니, 무명치마 저고리에 쪽진 어머니의 인자한 모습이 보인다. 배고프다 보채는 어린 형제를 위해 산 넘어 품삯 길에서 무명 치맛말기에 품고 온 식은 감자가 허기를 달래주던 가난한 시절이 연상되는 어머니의 깊은 자식사랑은 가없이 하늘에 가 닿는다. 얼마나 힘들었으면 감기 앓을 시간도 없었으며, 얼마나 슬펐으면 울음 울 시간조차 없었겠는가 말한다. 굶주린 어린 자식들을 위해 당신의 뼈와 살을 내어주던 강인한 어머니, 세상 모든 '어머니'의 표상이 드러나고 있는 정인선 시문학의 어머니는 시인의 마음 밭을 서정의 깊이로 영글게 한 근원일 것이다.

건들바람 타고 민둥산을 덮고 앉은 억새의
흰 머리카락 하나 흔들며 가을이 찾아옵니다

올 가을은 쏴아 소리 지르며 달려오는
앞산 단풍나무의 떨림보다
낮은 소리로 속삭이는
한강둔치의 돌계단에 마주앉은
한 남자의 고백이었으면 좋겠습니다
따가운 햇살 아래 영글고 여물어가는
노란 낱 알갱이 벼 한 톨이어도 좋겠습니다
시큼했던 풋사과가 구석구석 꿀 알갱이 감춰놓은
단맛이 줄줄 흘러나는 빨간 감홍이면 더 좋겠습니다

–「이 가을에는」 중에서

홑지붕으로 떨어지는 빗소리
가슴에선 쓰르라미가 울고
이제는 지워도 될 한 소절小節
눈꺼풀 속을 용케도 헤집고 다닌다
들켰을까
낙엽이 살금살금
지붕을 밟고 지나는 소리 들린다
내일은 아침 일찍 산행인데
밤길 익숙한 당신은
낯선 곳 잘도 알고 찾아와
오늘 밤도 품속을 파고든다
잊을 때도 됐건만

–「동침」 중에서

모래톱위에 나를 앉히고
파도가 적시고 간 신발 끈 조이며
누군가를 위해
조금은 늦었지만
귀 기울여야겠다는 생각을 한다

파도에 씻기운 맑은 눈망울
말간 바닷물에 헹구고 말린 영혼
별과 바닷바람 담긴
마음 하나 보고 싶다

내 파란 귀 기울여 들을 수 있는
그렇게 들을 줄 아는
사람 하나 만나고 싶다

– 「바닷가에 앉아」 중에서

그리움은 인간에게 주어진 천형의 슬픔인지 모른다. 누군가를 그리워하고 무엇인가에 대하여 사색하는 이 가을 마른 나뭇잎에 일렁이는 바람 같은 가슴 울렁이는 그리움 하나 쉬이 스며날 수 있을 것이다. "앞산 단풍나무의 떨림 보다/낮은 소리로 속삭이는/한강둔치의 돌계단에 마주 앉은/한 남자의 고백이었으면 좋겠습니다"라고「이 가을에는」에서 인용된 한 남자의 고백이란 한 남자로서 고백할 수 있기를 바라는 기원이다. 이 가을이면 누군가를 마주 앉혀 놓고 낮은 소리로 속삭이는 고백의 말을 전할 수 있다면 아름답지 않겠는가라는 것이다. 따가운 햇살 아래 여물어가는 벼 한 톨, 시큼한 풋사과가 감추어 놓은 꿀 알갱이, 단맛이 줄줄 흘러나는 빨간 감홍이기를 이 가을에는 욕심을 부리고 있다. 가을을 우수의 계절이라 말하곤 한다. 무엇인가를 깊이 사색하지 않을 수 없는 이즈음은 가슴에선 마른 낙엽 구르는 울음소리가 새어나곤 하여 외로운 사람에게 외로움의 깊이를 더하곤 한다. 「동침」에서 보이는 주제의식 역시 쓰르라미의 울음으로 은유된 쓸쓸함이며 그 같은 서글픔의 그늘에 존재하는 사람하나 지울 수 없는 그리움이 보인다. "가슴에선 쓰르라미가 울고/이제는 지워도 될 한 소절小節/눈꺼풀 속을 용케도 헤집고 다닌다//(중략)//밤길 익숙한 당신은/낯선 곳 잘도 알고 찾아와/오늘 밤도 품속을 파고든다"는 지워지지 않는 분리되지 않는 사랑에 대한 그리움이다. 때문일까, 「바닷가에 앉아」에서 그 그리움의 구체적 그림이 제시되고 있다. "태양은 바다 새를/바다 새는 하늘을 밀어 올린다/모래톱위에 나를 앉히고/파도가 적시고 간 신발 끈 조이며/누군가를 위해/조금은 늦었지만/귀 기울여야겠다는 생각을 한다"라는 것이다. 분명한 것은 연시戀詩이다. 물론 그 '누군가'의 실체는 확연히 제시할 수는 없다. 그가 아내인지 혹은 제3의 인물인지에 대해서는 의문을 지니게 한다. 다만 시인의 영혼에서 묻어나는 가슴 젖는 울림이 파도처럼 일렁이고 있다는 사실은 확연히 드러나고 있다.

승용차 한 대 겨우 지날 만큼
시멘트포장 군데군데 금이 간 찌들은 골목
그 틈새 비집고 노란 민들레꽃 한 송이 피어있다
바람에 끌려가다 잰걸음으로 숨어든 곳이겠지
하필이면 이 길바닥
시멘트가 토해놓은 독毒까지 마셔가며
땅바닥에 납작 엎드려
살아 남기위한 몸짓
잎사귀는 보이지 않는다
봄기운 아직은 속단하기 이른 날
낮게, 아주 낮은 곳에서
빈손으로 돌아오는 저녁을 위해
노오란 꽃을 피웠다

– 「민들레」 전문

씨를 뿌리고 가꾸는 사람 없어도
문명의 이기에 미끄러져 떠난 빈 터에
눈이 시리도록 앙증맞은 봄꽃들 피어있다

흙 담은 무너지고
사립문 나뭇가지 흙이 된 자리
바람꽃 얼러지 괭이눈 복수초 처녀치마
노루귀 중외무릇 모데미풀

새벽안개를 덮고 살아간다

흔적으로 남아 있는 섬돌에 앉아
멍에 메고 밭고랑 앞서 가던 어머니
쟁기 잡은 아버지
아이들 뛰놀다 간 개울을 본다

마른 눈물 배어 있는
화전민 촌의 아픔 지우려
반 뼘도 못되는 땅 꽃들은 저렇게
지천으로 피어 있나보다

–「빈 터」 전문

「민들레」나 「빈터」뿐 아니라 정인선 시의 강점은 주제를 반영하는 언어(의미)가 대상을 놓치지 않고 유연히 끌고 가는 흐름이다. 마치 영화 속 인물이나 사물을 촬영하는 카메라가 쇼트 편집 없이 길게 진행하는 롱 테이크 long take 기법의 언어 활용이다. 「민들레」에서도 사진작가의 섬세한 시선이 클로즈업 시켜놓은 노오란 민들레꽃은 유연함 그대로 펼쳐놓은 언어만으로도 활짝 꽃의 형태가 눈에 들어온다. 시멘트 포장 군데군데 벌어진 틈새에 뿌리를 내린 민들레가 척박한 환경을 딛고 일어서 꽃을 피워낸 경이로움이 이 시의 일차적 목적 의도라면 낮게 아주 낮은 곳(마음 가난한 사람들 혹은 절망속의 사람들)에게 희망의 등불을 밝히는 의도는 주제의식이다. "봄기운 아직은 속단하기 이른 날/낮게, 아주 낮은 곳에서/빈손으로 돌아오는 저녁을 위해/노오란 꽃을 피웠다"에서 어쩌면 정 시인에게 있어 '꽃'은 '시詩'가 아닐까 라는 생각을 하게 한다. 마음 가난한 이웃에게 희망이기를 비는 구도자의 시선으로 존재하고 있다는 생각이다. 「빈터」의 그림도 가난한 화전민 촌의 아이들을 바라보는 측은지심이다. "씨를 뿌리고 가꾸는 사람 없어도 문명의 이기에 미끄러져 떠난 빈 터에 눈이 시리도록 앙증맞은 봄꽃들 피어 있다"라는 시선이 따뜻하다. "마른 눈물 배어 있는/화전민 촌의 아픔 지우려/반 뼘도 못되는 땅 꽃들은 저렇게/지천으로 피어 있나보다"에서 앞서의 「민들레」처럼 「빈터」에도 꽃들은 화전민촌의 아픔을 지우는 치유의 대상이다. 어린 시절 어머니가 배고픈 형제의 구원의 사랑이었듯

이 꽃은 가난하고 소외된 계층의 상징물로 정인선 시의 정서를 대리하고 있다.

신호등 건널목
휠체어에 앉은 빵모자에 마스크를 한 남자
실크 스카프의 여자가
핸드백을 열어
다림질 잘 된 터키옥색 손수건을 집어낸다
발판에 놓인 남자의 구두
입김까지 입혀가며
먼지를 털다 어르고 있다
가방 안으로 다시 들어가는 터키옥색
청정함을 지켜주려는 것이리라
병원. 나들이. 초대받은 것일까
아무렇지도 않은 듯 신호등 따라 건너간다
보도블록 턱에 걸려 휘청하는 휠체어
중심을 잡아주려 어깨위에 놓인 손
발판 위 담금질 끝난 반짝하는 콧날
오늘은 참 따뜻하겠다

-「오늘은 따뜻하겠다」 전문

저녁 햇살
백십일호 병실 앞에서 잠시 주춤거린다
어느 곳인가는
한 번쯤 더 둘러보고 싶은가보다
싹을 틔우고 꽃 피워 이삭을 영글게 한
황홀한 그러나 가끔은 외로웠던 빛이었다
햇살은
이제 막 꽃망울 열고 선 벽담
반들반들 윤이 나는 간이침대
비워진 옷장의 문고리를 스치듯 지나
시간에 쫓기는지 그림자만 세워두고
무안한 듯 뒷산 등성을 미끄러지듯 넘어간다

이제는 더 이상 따뜻한 하루일 수 없는
차가운 어둠이 내려앉은 창가
여울에 놓인 종이배처럼
크게 때로는 엷게
하얀 커튼을 닫는
떨고 있는 파리한 손
저녁이다

－「저녁이다」 전문

「오늘은 따뜻하겠다」와 「저녁이다」 두 편을 들여다보면 희망과 절망, 삶과 죽음의 그림을 벽화로 감상하는 느낌이다. 하루에도 몇 번씩 우리의 시야에서 무심히 스쳐 지나는 사람들의 일상 속 풍경을 주의 깊게 짚어보게 한다. 신호등 앞 건널목에서 휠체어에 앉은 빵모자에 마스크를 한 남자와 아마도 이 휠체어를 밀고 가는 실크스카프의 여자가 「오늘은 따뜻하겠다」의 인물로 등장하는데 이들의 풍경은 비록 휠체어에 앉아 마스크를 쓰고 있지만 상큼하고 아름답다. "실크 스카프의 여자가/핸드백을 열어/다림질 잘 된 터키옥색 손수건을 집어낸다/발판에 놓인 남자의 구두/입김까지 입혀가며/먼지를 털다 어르고 있다"라는 감각적 행동으로 보여주는 이 그림은 터어키색 손수건으로 발판에 놓인 남자의 구두를 입김을 입혀 닦아내고 있는 여자의 사랑이 평화스럽다. 물론 이 시에서 소재로 사용된 '실크스카프－터어키색 손수건－남자의 구두를 입김을 입혀 닦아내는 행위' 등은 사랑, 평화를 나타내기에 손색이 없어 시인이 담아내고자 한 '오늘은 따뜻하겠다'를 충분히 반영시키고 있는 요소이다. 반면 「저녁이다」는 제목으로부터 절망과 종말의 슬픔을 예감하게 한다. 시작의 의미로 압축된 아침이라는 시간을 배제하고, 해가 지는 저녁의 공간과 시간으로 내포한 문 닫음의 의식을 예감하고 있어 이별의 슬픔을 유도하고 있다. "이제는 더 이상 따뜻한 하루일 수 없는/차가운 어둠이 내려앉은 창가/여울에 놓인 종이배처럼/크게 때로는 엷게/하얀 커튼을 닫는/떨고 있는 파리한 손/저녁이다'라는 것이다. 이 두 편의 시는 모두 풍경이다. 서정敍情의 편린이 아니고 서경敍景의 잣대로 의미를 재단하고 있다. 좀 더 객관적 시선으로 시의 본질을 내다보려는 시인의 의도가 선명하다. 다만 두 편의 시들과 같은 안목으로 이 시집에 수록된 여타의 시들을 감상하면서 정인선 시인이 이 시집에 담아내려는 의도는 일상의 조각으로 의미화 된 시의 본질은 삶의 깊이를 재는 일에 있다는 사실이다.

얇은 바람에도 사각대던 마른 잎사귀
초겨울 날비에 제 몸무게 이기지 못해
젖은 잎맥은 떨어져 비틀거린다
아침은 늘 그렇듯이
잎 지운 가지 끝 물방울을 타고
아무 일도 없다는 듯 돌아왔다
단절의 시작은
백치의 늙은 할머니처럼
낯선 하루 위를 굴러
젖은 잔디밭을 건너
돌멩이로 박음질한 좁은 길로 달아나다
공허의 밭에 털썩 주저앉았다

－「지하도를 지키는 사람들」 전문

아주 무거운 어둠이다
겨울비가 밤늦도록 내린다
눈앞의 사물들 겨우 알아볼 수 있을 만큼만
전등불이 드문드문 지키고 있는 지하도
공 박스 두어 겹 포갠 위에 뒤틀린 가부좌
닫힌 적 한 번 없는 입구를 향한
누추해진 저 영혼의 갈망
그의 이름은 족보에도 기록 못한 버려진 아이
일곱 살 적 어머니가 두고 간 왼손바닥
그 감촉 지우지 않으려
지린내 나는 상의 주머니에 찔러 넣은 손
"잠깐 다녀올게
절대로 딴 데 가면 안 돼"
그 때 그 음성
지키고 앉은 마흔 하나
노숙자의 이름

－「잠깐 다녀올게」 전문

언제부턴가 거리를 방황하는 노숙자라는 이름의 사람들이 때 묻은 옷가지를 짊어지고 지하도를 근거지로 굶주려 고단한 육신을 뉘이는 일이 늘어가고 있다. 그만큼 살아내기 어려워 삶을 포기하고 자신의 정체성마저 잃어버린 사회의 낙오자가 된 사람들이다. 정인선 시의 가닥에도 노숙의 아픔을 그려내고 있는 시들이 여럿 있다. 그 중 「잠깐 다녀올게」는 어느 노숙자의 긴 기다림을 말하고 있다. 일곱 살 어린 날 손가락 걸며 잠깐 다녀오겠다는 어머니를 기다리는 마흔 하나의 노숙자를 그렸다. "누추해진 저 영혼의 갈망/그의 이름은 족보에도 기록 못한 버려진 아이/일곱 살 적 어머니가 두고 간 왼손바닥/그 감촉 지우지 않으려/지린내 나는 상의 주머니에 찔러 넣은 손"의 아픔이다. 지린내 나는 상의 주머니에 질러 넣은 손의 긴 기다림이 노숙의 이유가 되어 34년의 시간을 짚고 있다. 반면 「지하도를 지키는 사람들」은 노숙자들의 총체적 절망이며 총체적 슬픔이 묻어난다. 얇은 바람에도 사각대던 마른 잎사귀(노숙자)는 초겨울 날비에 제 몸무게 이기지 못하고 젖은 잎맥으로 떨어져 비틀거리고 있다. '마른 잎사귀' 로 사물화 된 노숙자의 삶은 '백치의 늙은 할머니' (무기력하게)처럼 낯선 하루 위를 건너 돌멩이로 박음질한 좁은 길(실패의 삶)을 달아나다 공허(지하도)의 밭에 털썩 주저앉고 말았다는 이해이다.

평안하고 단아한 모양새라고 해야 할 것이다. 정인선 시문학의 빛깔을 굳이 채색하라 한다면 우윳빛 담채이다. 어머니의 따뜻한 정서로부터 시작된 맑은 영혼의 흐름이 정 시인이 밝혀 놓은 영혼의 세계에 유입되어 흐름을 잡고 있다. 언어의 기교보다는 의미의 진실성에 충실한 시인의 시 정신은 그가 추구하는 진실한 삶의 모습에서 배어나고 있다고 해도 옳을 듯싶다. 정인선 시는 혼돈하게 하지 않는다. 그만큼 믿음을 준다. 더 훌륭한 시인의 길을 튼튼히 열어낼 것이라는 확실성을 보여준 정인선 시인의 첫 시집 「잠깐 다녀올게」는 때문에 깊은 신뢰를 받을만하다. 정 시인이 목젖까지 복받쳐온 울먹임을 보여주던 날이 기억된다. 시인의 순수가 아름답던 날이었다.